Express Smoothies
Step by Step

EDITION XXL

Inhalt

Vorwort

Smoothies liegen im Trend!

Bereits in den 50er- und 60er-Jahren kamen in den USA Mixgetränke aus Obst und Milch auf den Markt. Aus der vegetarischen Küche entstanden später die Smoothies. Sie wurden nicht aus Milch zubereitet, sondern aus Obst und Gemüse, ohne Zugabe von Zucker. Zur Verdünnung der Smoothies wurde anfangs nur Wasser oder pflanzliche Milch verwendet, inzwischen ist auch tierische Milch keine Ausnahme mehr. Im Laufe der Zeit verwischten sich die Grenzen zwischen Mixgetränken und Smoothies – heute werden sie in der Umgangssprache als Synonyme verwendet.

Smoothies sind deshalb so beliebt geworden, weil sie gut schmecken, schnell zubereitet und sehr gesund sind. Starten Sie mit einem Smoothie fit in den Tag, genießen Sie ihn als kleine Zwischenmahlzeit mit Power-Kick oder ersetzen Sie eine aufwändige Mahlzeit durch einen der köstlichen Express-Smoothies.

Obst und Gemüse
von A–Z

Ananas

Der wichtigste Wirkstoff der Ananas ist Bromelain, das beim vollständigen Abbau der Proteine hilft. So hat der Ananassaft nicht nur stärkende Wirkung, sondern wirkt auch fettlösend, verdauungsfördernd, entgiftend, entzündungs- und Arteriosklerose-hemmend. Die Ananas reduziert das Hungergefühl und versorgt den Körper mit lebenswichtigen Vitaminen und Mineralstoffen.

Apfel

Der Apfel enthält viel Kalzium, Magnesium, Phosphor, Kalium, Natrium, Zink, Mangan sowie Vitamin C und A. Er ist reich an Ballaststoffen, vor allem an Pektin. Der hohe Pektingehalt des Apfels trägt zur Reduzierung des Cholesterins im Blut bei, wirkt vorteilhaft auf den Magen und das Verdauungssystem und stärkt das Immunsystem. Sein Phosphor- und Apfelsäuregehalt fördert die Gehirn-, Nieren- und Leberfunktion sowie die Funktion der Ausscheidungsorgane.

Aprikose

Die Aprikose ist besonders reich an Vitamin A und Beta-Carotin. Sie enthält darüber hinaus Mineralstoffe, Ballaststoffe, Kohlenhydrate, Vitamin C und Schwefel. Aprikosen steigern die Energie und Lebensfähigkeit der Zellen, fördern die Regeneration von Knochen und Geweben, stärken Nägel und Haare. Die Nährstoffe der Aprikose helfen, Herz-Kreislaufstörungen, Augenkrankheiten und Krebserkrankungen vorzubeugen und stärken das Immunsystem.

Avocado

Die Avocado ist reich an Vitaminen. Sie enthält große Mengen an einfach ungesättigten Fettsäuren, die gut für Herz und Kreislauf sind und bei der Reduzierung des Cholesterins helfen. Die reife Avocado enthält außerdem Kalium, Phosphor, Eisen, Natrium, Kalzium und Magnesium.

Banane

Die Banane ist leicht verdaulich und für Menschen mit Magenproblemen empfehlenswert. In der Medizin gilt sie als besonders gesundheitsfördernd. Sie enthält viel Kalium sowie die Vitamine A, B, C und E, Eisen, Kupfer, Jod, Mangan und Phosphor.

Birne

Birnen enthalten Kalium, Kalzium, Magnesium, Phosphor, Eisen, Ballaststoffe, Kohlenhydrate und Proteine. Sie sind reich an Vitamin C und Kupfer, die das Immunsystem stärken. Die Ballaststoffe helfen bei der Regulierung des Verdauungssystems.

Brokkoli

Je dunkler die Röschen sind, desto mehr Vitamin C und Beta-Carotin enthält der Brokkoli. Besonders reich ist er an Vitamin E, Niacin, Pantothensäure, Vitamin B1 und B2. Der hohe Vitamingehalt, Kalzium und Eisen machen ihn besonders wertvoll.

Brombeeren

Brombeeren enthalten große Mengen an Eisen, Kalzium, Kalium, Magnesium, Phosphor, Schwefel, Kupfer, Mangan, Zink, Nickel, Selen und Chrom. Aufgrund ihrer wertvollen Inhaltsstoffe können sie bei vielen Krankheiten den Heilungsprozess fördern.

Erdbeeren

Erdbeeren enthalten die Vitamine A, B und C sowie Kalium, Kalzium, Eisen und Fluor. Sie wirken blutreinigend, antibakteriell, appetitanregend und stärken die Nerven. Täglich 150 g Erdbeeren decken den Vitamin-C-Bedarf eines Erwachsenen.

Granatapfel

Der Granatapfel hat einen hohen Vitamin-C- und Vitamin-K-Gehalt. Der Verzehr von Granatapfelsaft reduziert den Blutdruck, hemmt die Entstehung von Virusinfektionen und Entzündungen. Seine Wirkstoffe helfen bei der Bekämpfung von Beschwerden der Wechseljahre und wirken gegen Osteoporose.

Grapefruit

Die Grapefruit ist reich an Mineralstoffen, sie enthält unter anderem Magnesium, Kalium, Kalzium, Phosphor und ein wenig Zink. Sie hat einen hohen Vitamin-C-Gehalt, viele B-Vitamine und fördert den Stoffwechsel. Sie hat harntreibende und entgiftende Wirkung, reinigt die Nieren, die Blutgefäße und stärkt die Leber.

Grüne Erbsen

Grüne Erbsen haben einen hohen Nährstoffwert. Sie enthalten Proteine, Zucker, Vitamin A, B und C.

Gurke

Die Gurke enthält in beträchtlicher Menge Kalium, hat aber einen niedrigen Energiewert. Sie wirkt erfrischend und schmeckt besonders gut, wenn sie mit anderen Gemüsesorten kombiniert wird.

Heidelbeeren

Heidelbeeren sind reich an Mineralsalzen, Metallen und Spurenelementen, enthalten reichlich Kalium, Vitamin C und A. Sie helfen bei Kreislaufproblemen, wirken gegen Nachtblindheit, haben bakterizide Wirkung und stärken das Immunsystem.

Himbeeren

Himbeeren enthalten viel Vitamin C, B1, B2 und E sowie Kohlenhydrate, Protein, Fett, Ballaststoffe, Mineralstoffe und Antioxidantien. Sie sind reich an Kalium und reinigen das Blut.

Kirschen

Kirschen enthalten u. a. Kalium, Kalzium, Natrium, Phosphor sowie Vitamin A, B und C. Sie sind ein hervorragender Blutreiniger.

Kiwi

Kiwis sind kalorienarm, aber reich an Mineralstoffen und Vitaminen. Eine einzige Kiwi enthält zehnmal mehr Vitamin C als eine Orange.

Kopfsalat bzw. Blattsalat

Aufgrund der B-Vitamine wirkt der Salatsaft positiv auf das Nerven- und Verdauungssystem. Das günstige Verhältnis von Kalzium und Magnesium fördert die Entwicklung der Muskeln und der Knochen.

Mango

Die Mango enthält Provitamin A, Vitamin B1, B2 und E sowie Mineralstoffe, Phosphor, Kalzium, Natrium, Eisen, Magnesium und Beta-Carotin, das eine hervorragende Quelle für Kalium ist. Die Ballaststoffe fördern die Verdauung, wirken vorteilhaft auf das Herz und reduzieren das Cholesterin im Blut.

Möhre

Möhren sind reich an Beta-Carotin, Vitamin B, C und D. Sie enthalten wertvolle Mineralstoffe wie Eisen, Kalium und Kalzium. Beta-Carotin schützt die Augen. Der Verzehr von 100–150 ml Möhrensaft deckt den täglichen Beta-Carotin-Bedarf, aus dem in der Leber und in der Darmwand Vitamin A gebildet wird. Der Verzehr von Möhrensaft ist besonders im Sommer zu empfehlen, denn Vitamin A schützt vor UV-Strahlen.

 ### Nektarine

Nektarinen enthalten viel Vitamin A und C sowie Kalium und Selen. Sie helfen dem Organismus, Chemikalien und Verunreinigungen auszuscheiden.

 ### Orange

Die Orange ist reich an Vitamin C und Mineralstoffen. Sie enthält Antioxidantien, die bei der Krebsprävention helfen, stärkt den Magen und reinigt das Blut.

 ### Papaya

Die Papaya enthält wertvolle Enzyme und Aminosäuren, Vitamin B, C, E, Kalzium und Eisen. Die Papaya birgt einen Wirkstoff in sich, der das Verdauungssystem beruhigt und die Verdauung von Proteinen, Fetten und Zucker fördert.

 ### Paprika

Paprika enthält viel Vitamin A, B und C sowie Magnesium, Kalium, Eisen und Beta-Carotin. Sie reguliert den Blutdruck, verbessert den Blutkreislauf, den Stoffwechsel, verringert den Cholesterinspiegel im Blut, regt die Verdauung an und stärkt das Immunsystem.

 ### Petersilie

Ihre wertvollen Inhaltsstoffe tragen zum Schutz unseres Organismus bei. Sie enthält Proteine, Flavonoide, ätherische Öle, Eisen, Phosphor, Mangan, Sulfat, Vitamin K, Beta-Carotin und Vitamin C. Sie hat blutreinigende Wirkung und ist stark harntreibend und antiseptisch.

 ### Porree

Porree wirkt antibakteriell, antiviral und harntreibend. Er wirkt leicht reinigend auf die Harnblase und die Nieren und hemmt die Ablagerung von Cholesterin.

 ### Rote Bete

Rote Bete enthält Vitamin B1 und B2 sowie Kalk, Phosphor und Eisen. Rote-Bete-Saft ist eine hervorragende Folsäurequelle und hilft bei der Bildung und Regeneration der roten Blutkörperchen. Sie ist ein großartiges Entgiftungsmittel, stark alkalisch, regelt den Säure-Basen-Haushalt des Körpers und hat entgiftende Wirkung. Aufgrund des Kaliumgehalts wird die Leistungsfähigkeit des Gehirns und der Muskeln verbessert. Die im Rote-Bete-Saft enthaltenen Elemente Kalzium, Silizium, Phosphor und Magnesium verbessern die Qualität der Haare und der Haut und stärken das Bindegewebe.

 ### Rotkohl

Der Rotkohl enthält antioxidative Flavonoide, die helfen, Herz-Kreislauf-Erkrankungen vorzubeugen. Er ist reich an Vitamin B und C sowie an Mineralsalzen und Proteinen.

 ### Rucola

Rucola enthält viele Vitamine und Mineralstoffe und wirkt vorteilhaft auf die Magensäure und auf Geschwüre des Verdauungssystems. Rucola regelt den Cholesterin- und Zuckerspiegel des Blutes. Bei Schwangeren wird die Übelkeit gelindert. Rucola fördert die Lungenfunktion und beschleunigt die Wundheilung.

 ### Sellerie

Sellerie enthält in hoher Konzentration vom Körper leicht aufzunehmendes Natrium sowie Kalzium, Phosphor, Magnesium, Eisen, Jod, Fluor, Vitamine A, B1, B2, B6, C, E und K. Er wirkt positiv auf den Säure-Basen-Haushalt des Körpers und hemmt die Übersäuerung.

Spargel

Spargel enthält Kalzium, Phosphor, Eisen, Natrium, Kalium, Vitamin A, Niacin, Vitamin C und ist reich an Spurenelementen. Die bedeutendste Heilwirkung hat er auf die Nieren. Er wirkt harntreibend, abführend und kann Rheumabeschwerden und Gichtanfälle lindern.

Spinat

Spinat enthält viele Vitamine, Mineralsalze und Spurenelemente, unter anderem Vitamin K, A, Mangansäure, Folsäure, Magnesium, Eisen, Vitamin C, B2, Kalzium, Kalium, Vitamin B6, Kupfer, pflanzliche Proteine, Phosphor, Zink und Vitamin E. Er ist eine wichtige Quelle für Folsäure. Spinat enthält viel Kalium, das eine wichtige Rolle bei der Regulierung des Blutdruckes spielt.

Stachelbeeren

Stachelbeeren enthalten viel Vitamin A, C und B1, Pektin, Mineralstoffe sowie wichtige Spurenelemente, Zitronensäure, Frucht- und Traubenzucker.

Staudensellerie

Staudensellerie enthält viele Mineralstoffe, unter anderem Phosphor, Magnesium, Kalzium, Kalium, Eisen, Natrium sowie Vitamin C und Vitamin B. Er wirkt positiv auf das Nervensystem und hilft bei der Entgiftung des Körpers.

Tomate

Tomaten reinigen das Blut und die Nieren, wirken entzündungshemmend, fördern den Blutkreislauf, hemmen die Entstehung von Arteriosklerose und reduzieren den Cholesterinspiegel. Aufgrund des roten Farbstoffes wirken sie antioxidativ und schützen so vor UV-Strahlen. Die Tomate hemmt die Bildung und Entwicklung von Krebszellen. Aufgrund ihres Biotingehaltes schützt sie Haut, Haare und Nägel und reguliert den Blutzuckerspiegel. Die Folsäure regt die Blutbildung, das Zellwachstum und die Lebenslust an. Vitamin C wird zur Funktion des Immunsystems gebraucht, Vitamin E stärkt die Herzfunktion. Kalium hilft bei der Ausscheidung von Wasser, Zink fördert die Bildung von Bindegewebe und Hormonen.

Walnuss

Die Walnuss enthält lebenswichtige, mehrfach ungesättigte Fettsäuren. Sie enthält Omega-3-Fettsäuren, die vom menschlichen Körper nicht selbst hergestellt werden können. Besonders bedeutend ist ihr Mineralstoff- und Vitamingehalt. Walnüsse helfen bei der Blutreinigung, fördern die Verdauung und schützen das Herz.

Wassermelone

Die Wassermelone besteht zu mehr als 90 % aus Wasser, diesem Umstand verdankt sie ihre Heilwirkung. Sie reinigt das Blut gründlich und fördert die Genesung.

Weintrauben

Weintrauben sind reich an Vitamin C und D, sie enthalten Carotin und Biotin. Antioxidantien tragen zur Vorbeugung von Krebs bei. Das Traubenkernöl verbessert die Sehkraft. Weintrauben wirken antioxidativ, schützen die Proteine und helfen bei der Regeneration von Zellen. Sie wirken harntreibend und abführend, verbessern die Verdauung und unterstützen die Magen-, Gallen- und Leberfunktion.

Wirsing

Das im Wirsing enthaltene Kalzium stärkt die Knochen und zusammen mit dem Kalium regelt es den Blutdruck, wirkt positiv auf den Herzmuskel und unterstützt den regelmäßigen Herzschlag. Der hohe Beta-Carotin-Gehalt stärkt das Immunsystem. Wirsing ist reich an den Vitaminen A, E und B.

Zitrone

Die Zitrone enthält in großer Menge Vitamin C und ätherische Öle. Das Vitamin C stärkt das Immunsystem und die ätherischen Öle fördern die Verdauung,

Zuckermelone

Die Zuckermelone wirkt gegen Fieber und Entzündungen. Sie enthält Beta-Carotin und verschiedene Mineralstoffe, die heilend wirken. Durch den regelmäßigen Verzehr von Zuckermelone wird das Immunsystem regeneriert und gestärkt.

Apfel-Bananen- Smoothie

Zutaten für 2x

 1 Banane

 2 Äpfel

150 ml Wasser

1 EL Zitronensaft

1 Glas: 512 kJ/123 kcal

1. Die Banane schälen …

2. … und in Scheiben schneiden.

3. Die Äpfel vom Kerngehäuse befreien und in Würfel schneiden.

4. Alle Zutaten in den Mixer geben.

5. Das Wasser und den Zitronensaft dazugießen und mixen.

Zutaten für 4x

- 2 Grapefruits
- 500 g Kirschen
- ½ Vanilleschote
- 3 EL Honig
- 200 ml Mineralwasser mit Kohlensäure

Kirsch-Grapefruit-
Smoothie

1. Die Grapefruits filetieren und in Stücke schneiden.

2. Die Kirschen entsteinen.

3. Die Vanilleschote aufschlitzen und das Mark auskratzen.

4. Die Grapefruitstücke …

5. … und die Kirschen in den Mixer geben.

6. Das Wasser, die Vanille und den Honig dazugeben und mixen.

Zutaten für 2x

 3 Kiwis

 1 Orange

 1 Apfel

 Saft einer Zitrone

200 ml Mineralwasser

Vitamin-
Smoothie

1 Glas: 510 kJ/122 kcal

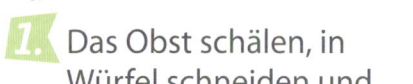

1. Das Obst schälen, in Würfel schneiden und …

2. … in den Mixer geben.

3. Mit dem Zitronensaft übergießen und …

4. … mixen.

Banane-
Heidelbeer-Smoothie

Zutaten für 2x

 1 Banane

200 g Heidelbeeren

200 ml Sojamilch (oder Fruchtsaft)

1 Glas: 784 kJ/188 kcal

1. Die geschälte und in Scheiben geschnittene Banane und …

2. … die Heidelbeeren in den Mixer geben.

3. Mit der Milch aufgießen und …

4. … mixen.

Paradiesischer Smoothie

1. Die Mango schälen, in Würfel schneiden …

2. … und in den Mixer geben.

3. Die Milch, …

4. … den Joghurt, …

5. … die Kokosraspeln und …

6. … den Honig dazugeben, mixen und mit Basilikumblättern dekorieren.

Zutaten für 2 x 🥤

- 1 Mango
- 100 ml Milch
- 200 ml griechischer Joghurt
- 2 EL Kokosraspel
- 1 TL Honig
- 4 Basilikumblätter

1 Glas: 1012 kJ/242 kcal

Tipp

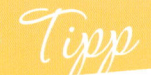

Wenn Sie den Smoothie mit einer Ananasscheibe dekorieren möchten, sollten Sie diese bereits vor dem Schälen herausschneiden.

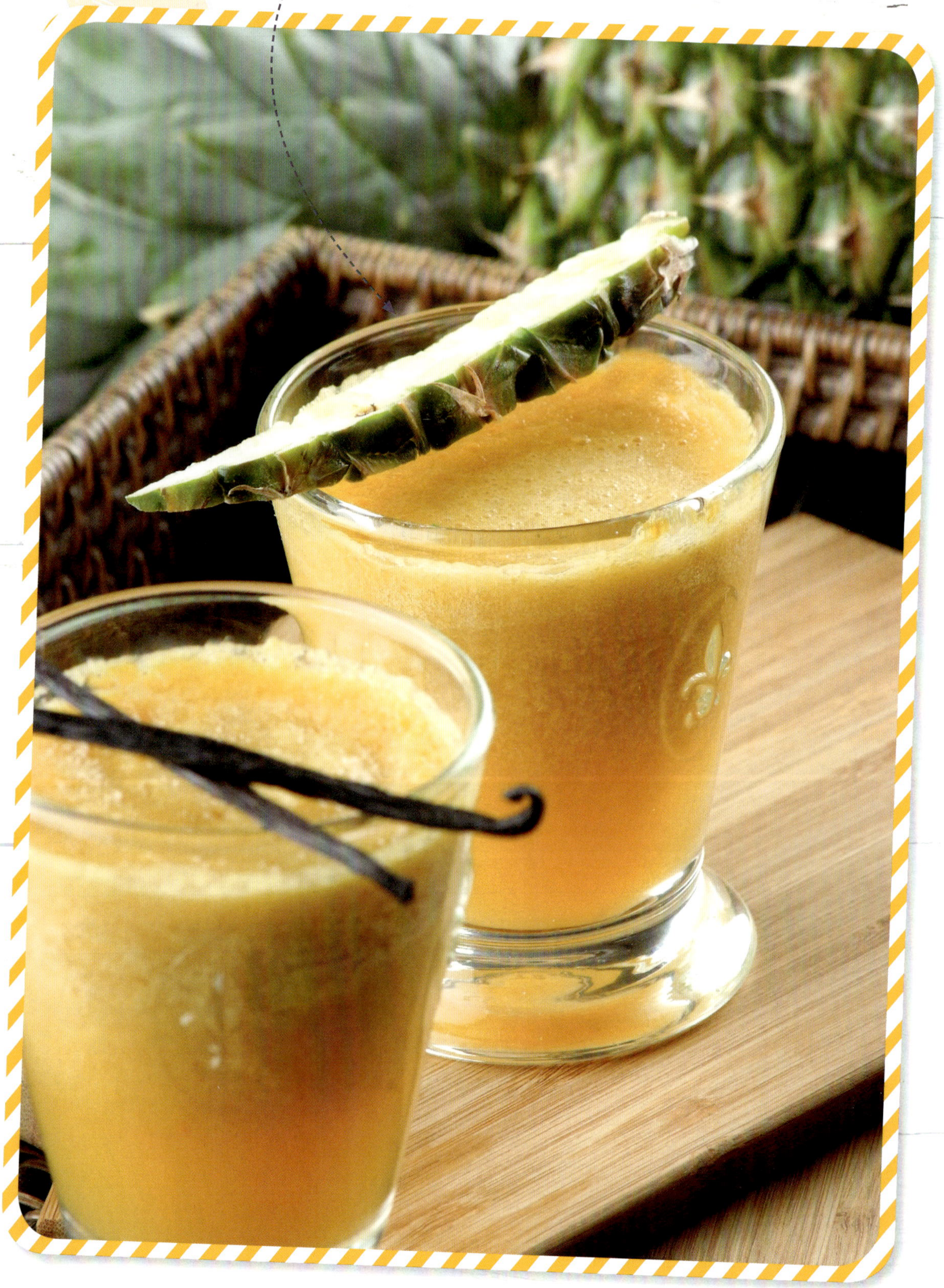

Exotischer *Joghurt-* Smoothie

1 Glas: 808 kJ/193 kcal

Zutaten für 3x

 250 g Ananas-Fruchtfleisch

400 ml gut gekühlter Vanillejoghurt

200 ml Kokosmilch

1. Schopf und Boden der Ananas und …

2. … die Schale von oben nach unten abschneiden.

3. Den Strunk ausstechen.

4. Die Ananas zuerst in Scheiben, dann in Stücke schneiden.

5. Den Vanillejoghurt, …

6. … die Kokosmilch und …

7. … die Ananasstücke in den Mixer geben und …

8. … mixen.

Granatapfel–
Smoothie mit Orange

Zutaten für 4x 🥤

 2 Granatäpfel

 4 Äpfel

 3 Orangen

1 EL Honig

1 TL abgeriebene Limettenschale

2 Zweige Minze

200 ml Mineralwasser

1 Glas: 732 kJ/175 kcal

1. Die Äpfel schälen, vom Kerngehäuse befreien und in Stücke schneiden.

2. Die Granatäpfel rundum 8-10 mm einritzen, auseinander drehen und die Kerne herauslösen. Die Orangen schälen, klein schneiden und alle Zutaten mixen.

Beeren– Smoothie

1 Glas: 450 kJ/108 kcal

Zutaten für 2x

- 150 g Erdbeeren oder verschiedene Waldfrüchte
- 150–200 ml Sojamilch oder andere pflanzliche Milch
- Honig oder Ahornsirup
- gemahlener Zimt

1. Die Kelchblätter der Erdbeeren entfernen und …

2. … die Erdbeeren halbieren, dann mit den anderen Zutaten mixen.

Karibischer *Smoothie*

Zutaten für 4x

 1 große Ananas

 Saft und abgeriebene Schale einer halben unbehandelten Zitrone

300 ml Kokosmilch

2–3 fein gehackte Kardamomkerne

300 ml Mineralwasser

1 Glas: 277 kJ/66 kcal

1. Schopf und Boden der Ananas und …

2. … die Schale von oben nach unten abschneiden.

3. Den Strunk ausstechen.

4. Die Ananas zuerst in Scheiben …

5. … dann in Stücke schneiden. Alle Zutaten mixen.

Tipp

Um die Dekoration optisch auf-
zuwerten, können Sie zwischen
den Ananasscheiben ein paar
Minzblättchen aufspießen.

Tipp

Diesen Smoothie können Sie auch mit
anderen Beerenfrüchten, wie Himbeeren
oder Heidelbeeren, zubereiten.

Joghurt-Brombeer- Smoothie

1 Glas: 810 kJ/194 kcal

Zutaten für 4x

- 500 g Brombeeren
- 200 ml Milch
- 500 ml Joghurt
- 1 Packung Vanillezucker
- 2 EL Honig

1. Die Brombeeren, …

2. … die Milch, …

3. … den Joghurt, …

4. … den Vanillezucker und …

5. … den Honig mixen.

Melonen-Pfirsich-
Smoothie

Zutaten für 4 x

 ca. 200 g entkernte
Wassermelone

1 Pfirsich

50 ml Bitterlikör

ein paar Tropfen Limettensaft

400 ml Limonade oder
trockener Sekt

 1 Glas: 609 kJ/146 kcal

1. Die Wassermelone und …

2. … den Pfirsich in Stücke schneiden und mit den anderen Zutaten
mixen.

Provencalischer
Smoothie

1 Glas: 532 kJ/127 kcal

Zutaten für 3x

- 2 Mangos
- 100 g Brombeeren
- 1 EL fein gehackte Rosmarinnadeln
- 100 ml Joghurt, 100 ml Milch
- 1 EL Honig, 1–2 EL Zitronensaft
- 200 ml Mineralwasser

1. Die Mangos putzen und …

2. … in Würfel schneiden. Alle Früchte mixen und dann mit den anderen Zutaten vermischen.

Birne-Vanille-
Smoothie mit Joghurt

Zutaten für 3x 🥤

🍐 2 Birnen

500 ml Naturjoghurt

eine halbe Vanilleschote

1 EL Honig

1 Glas: 683 kJ/163 kcal

1. Die Vanilleschote der Länge nach aufschlitzen …

2. … und auskratzen.

3. Die Birnen vierteln, vom Kerngehäuse befreien, …

4. … in Stücke schneiden, dann alle Zutaten mixen.

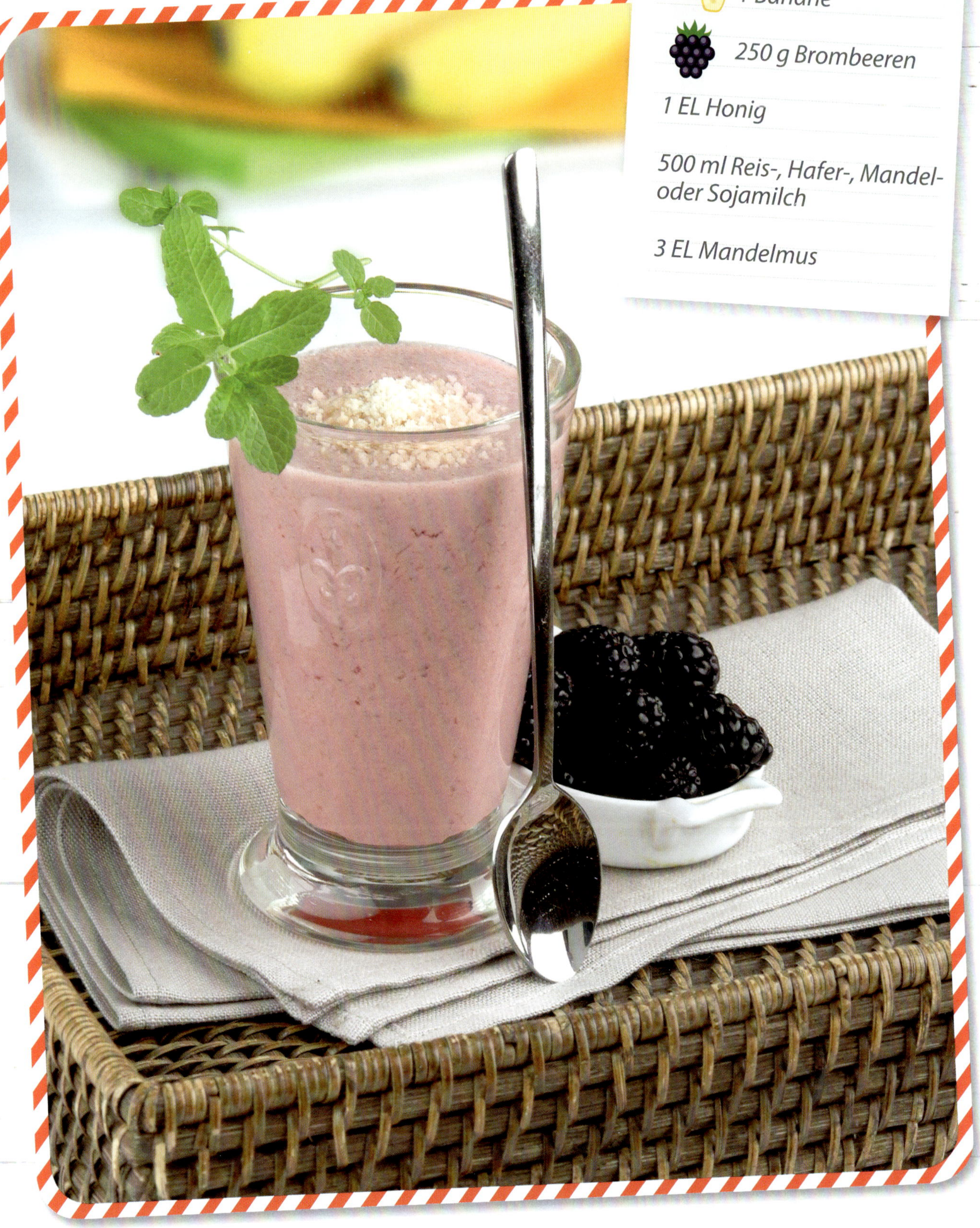

Zutaten für 6x

 1 Banane

 250 g Brombeeren

1 EL Honig

500 ml Reis-, Hafer-, Mandel- oder Sojamilch

3 EL Mandelmus

Mandel-Brombeer-Smoothie

1. Die Banane schälen und in Scheiben schneiden.

2. Die Brombeeren und …

3. … die Bananenscheiben in den Mixer geben, …

4. … den Honig hinzugeben, …

5. … mit der Milch und …

6. … dem Mandelmus übergießen und mixen.

Orangen-Kaffee-
Smoothie

1 Glas: 582 kJ/139 kcal

Zutaten für 6x

 2–3 Orangen

600 ml Milch

2 EL Honig

1–2 TL Vanillezucker

100 ml frisch gekochter
und abgekühlter Kaffee

6–8 Eiswürfel

200 ml Joghurt

1. Die Orangen schälen, in
Stücke schneiden und in
den Mixer geben.

2. Den Honig, …

3. … den Kaffee, …

4. … den Joghurt und die
Milch, …

5. … den Vanillezucker und …

6. … die Eiswürfel hinzugeben und mixen.

Sommertraum–
Smoothie

Zutaten für 4x

 1,5 kg Wassermelone

 500 g Nektarinen

 Saft und abgeriebene Schale einer unbehandelten Zitrone

2 Zweige Zitronenmelisse

½ TL Salz

2 EL Kokosblütenzucker

1 Glas: 789 kJ/189 kcal

1. Die Wassermelone in Stücke schneiden, …

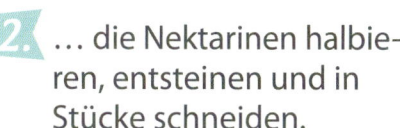

2. … die Nektarinen halbieren, entsteinen und in Stücke schneiden.

3. Die Zitronenschale abreiben.

4. Die Zitronenmelisse fein schneiden und alle Zutaten mixen.

Zuckermelonen-
Kiwi-Smoothie

1. Die Kiwis schälen und in Stücke schneiden.

2. Die Zuckermelone schälen, entkernen, in Würfel schneiden und in den Mixer geben.

3. Den Orangensaft, …

4. … den Zitronensaft, …

5. … den Honig und …

6. … die Eiswürfel hinzugeben und mixen.

Zutaten für 3x 🥤

- 400 g Zuckermelone
- 4 Kiwis
- 200 ml Orangensaft
- Saft einer halben Zitrone
- 1 EL Honig
- Eiswürfel

Stachelbeer-
Smoothie

Zutaten für 4x 🥤

- 500 g Stachelbeeren
- 1 Ananas
- 2 EL Honig
- 200 ml Sojamilch
- Saft einer halben Zitrone
- 200 ml Mineralwasser mit Kohlensäure

1 Glas: 549 kJ/131 kcal

1. Schopf und Boden der Ananas und die Schale von oben nach unten abschneiden. Den Strunk entfernen.

2. Die Ananas zuerst in Scheiben, dann in Würfel schneiden und …

3. … in den Mixer geben.

4. Die Stachelbeeren hinzugeben und mit den anderen Zutaten mixen.

1 Glas: 278 kJ/67 kcal

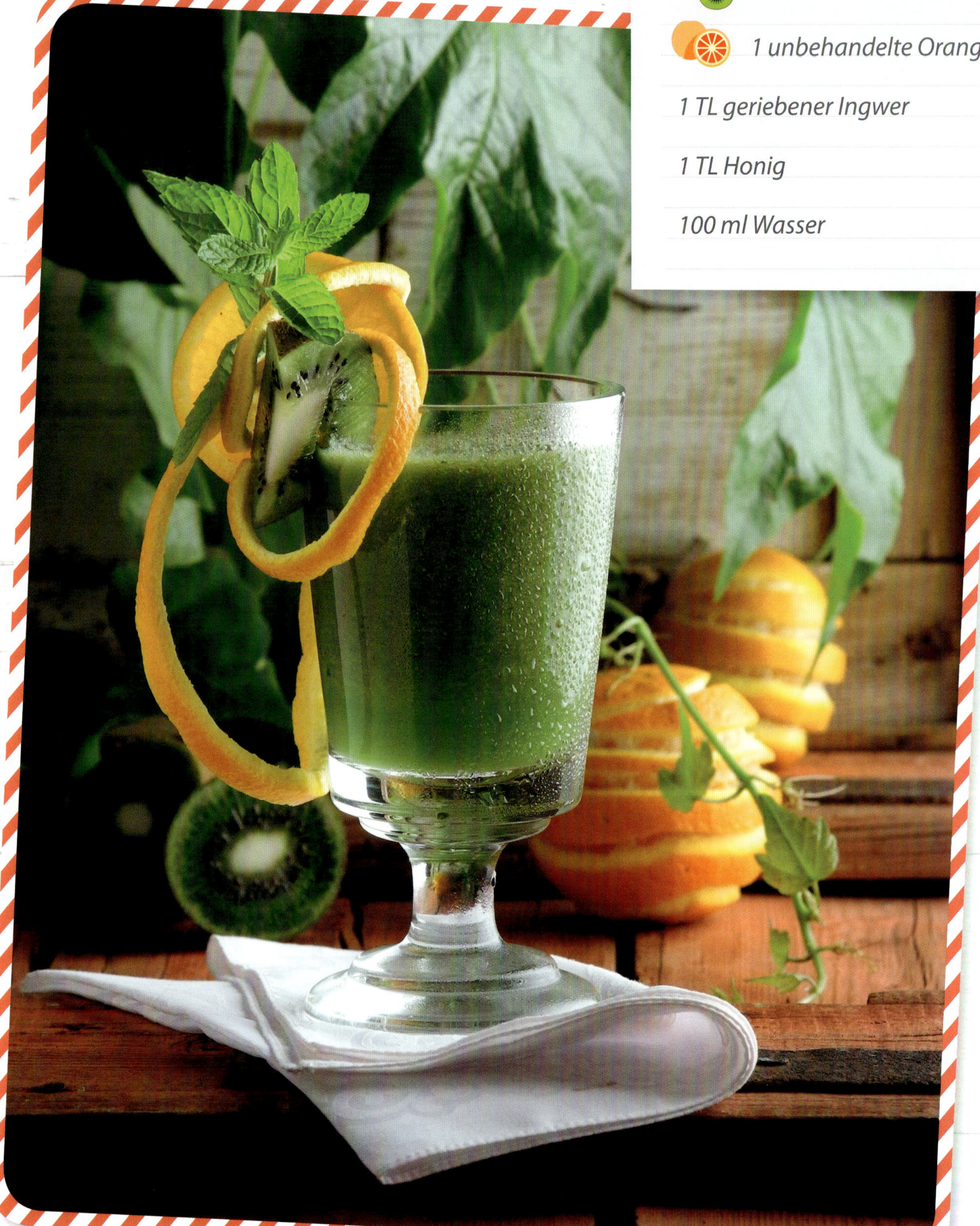

Zutaten für 2 x

- 1 Kiwi
- 1 unbehandelte Orange
- 1 TL geriebener Ingwer
- 1 TL Honig
- 100 ml Wasser

Grüner Smoothie mit Ingwer

1. Die Orangenschale spiralförmig abschneiden und für die Dekoration aufheben.

2. Die Orange und die Kiwi schälen und in Stücke schneiden. Den Ingwer reiben.

3. Alles in den Mixer geben.

4. Mit dem Honig süßen, …

5. … mit dem Wasser aufgießen und …

6. … mixen.

Zutaten für 4x 🥤

- 600 g Erdbeeren
- 1 Apfel
- 100 g Brombeeren

300 ml Mineralwasser mit Kohlensäure

1 EL Honig

Eiswürfel

Erdbeer-
Brombeer-Smoothie

1 Glas: 356 kJ/85 kcal

1. Die Erdbeeren putzen und halbieren.

2. Den Apfel vom Kerngehäuse befreien und in Stücke schneiden, dann mit den anderen Zutaten mixen.

Sahniger Zuckermelonen-Smoothie

1 Glas: 818 kJ/196 kcal

1. Die Zuckermelone halbieren und die Kerne entfernen.

2. Das Fruchtfleisch in Spalten schneiden, die Schale entfernen, dann mit den anderen Zutaten mixen.

Holunder–
Zitronenmelisse–Smoothie

Zutaten für 4x

 2 unbehandelte Zitronen

200 ml Holunderblüten-sirup

2 EL Honig

400 ml Mineralwasser

einige Holunderblüten

1 Zweig Zitronenmelisse

Eiswürfel

1 Glas: 661 kJ/158 kcal

1. Ein halbe Zitrone aus-pressen.

2. Den Sirup und die ande-ren Zutaten in den Mixer geben und mixen.

3. Die Holunderblüten ab-zupfen und das Getränk mit den Blüten und den in Scheiben geschnitte-nen Zitronen dekorieren.

Gurken-
Tomaten-Smoothie

Zutaten für 4 x

 400 g kleine Gurken

 300 g Tomaten

1 gepresste Knoblauchzehe

300 ml Mineralwasser

Meersalz

4 Eiswürfel

1 Glas: 123 kJ/30 kcal

1. Die Gurken schälen und in Stücke schneiden.

2. Die Tomaten vierteln.

3. Die Tomaten und …

4. … die Gurken in den Mixer geben und mit den anderen Zutaten mixen.

Gazpacho-
Smoothie

Zutaten für 4x

- 3 rote Paprika
- 500 g Tomaten
- 1 Knoblauchzehe
- 1 kleiner Sellerie
- 1 Chili

200 ml Mineralwasser

½ TL Salz

1 Glas: 261 kJ/63 kcal

1. Die Paprika vierteln und das Kerngehäuse entfernen.

2. Die Tomaten ebenfalls vierteln.

3. Den Sellerie putzen und …

4. … in Stücke schneiden, dann alle Zutaten mixen und mit Mineralwasser verdünnen.

Tipp

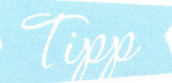

Diesen Smoothie können Sie auch mit gelben oder grünen Paprika, oder einer Mischung aus allen dreien, zubereiten.

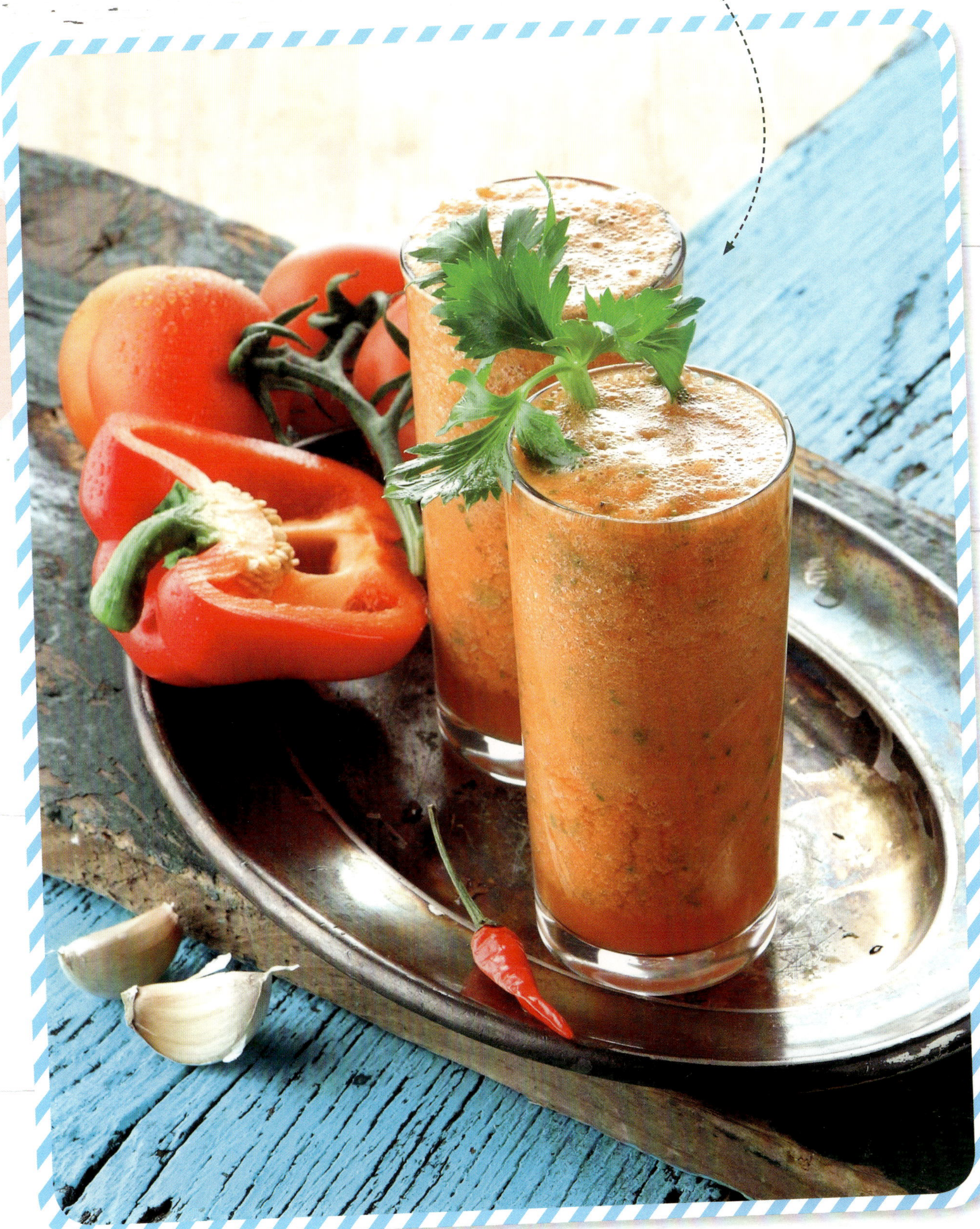

Zutaten für 4x 🥤

 500 g Erbsen   4 kleine Gurken

🥑 1 Avocado   🥬 1 Salat (z. B. Eisbergsalat)

Limettensaft, 1 Prise Salz

½ EL Kokosblütenzucker

200 ml Mineralwasser mit Kohlensäure

Grüner Erbsen-
Smoothie

1 Glas: 937 kJ/224 kcal

1. Die Erbsen enthülsen.

2. Die Avocado entkernen, schälen und …

3. … in Würfel schneiden.

4. Die Gurken in größere Stücke schneiden, dann alle Zutaten mixen.

Mediterraner
Smoothie

1 Glas: 610 kJ/146 kcal

Zutaten für 4x

- 2 Avocados
- 1 Staudensellerie
- 3 Tomaten
- 1 Bund Basilikum
- 1 Chili

300–400 ml Mineralwasser mit Kohlensäure

1. Die Avocados halbieren, den Stein entfernen, schälen und klein schneiden.

2. Den Staudensellerie und …

3. … die Tomaten in Stücke schneiden, dann mit den anderen vorbereiteten Zutaten mixen.

Tipp

Wer keinen Alkohol mag, kann den Wodka durch einen kleinen Schuss Balsamico ersetzen.

Tomaten–
Smoothie mit Schuss

Zutaten für 3x

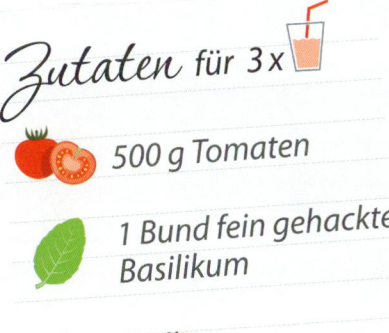

- 500 g Tomaten
- 1 Bund fein gehacktes Basilikum
- 50 ml Wodka
- 300 ml Mineralwasser
- Meersalz

1 Glas: 279 kJ/66 kcal

1. Die Tomaten in Stücke schneiden.

2. Die Basilikumblätter abzupfen.

3. Die Tomaten und …

4. … den Basilikum in den Mixer geben und mit den anderen Zutaten mixen.

Avocado–
Smoothie

Zutaten für 3x

 1 Avocado

 1 Staudensellerie

 2 Bund Petersilie

 Saft einer halben Zitrone

1 TL gemahlene Muskatnuss

300 ml Mineralwasser

Meersalz

Eiswürfel

1 Glas: 389 kJ/93 kcal

1. Die Avocado längs anschneiden, …

2. … die Hälften auseinander drehen und …

3. …den Kern herausnehmen.

4. Den Staudensellerie zerkleinern, …

5. … die Petersilie fein schneiden und mit den anderen Zutaten mixen.

Gemüse–
Smoothie mit Rosmarin

1 Glas: 560 kJ/134 kcal

Zutaten für 2x

1 Möhre	100 ml Möhrensaft
1 Stange Porree	300 ml Rote-Bete-Saft
½ Sellerieknolle	1 Prise Salz
frischer Rosmarin	gemahlener schwarzer Pfeffer
Thymian	

1. Das Gemüse putzen und in Stücke schneiden, …

2. … die Kräuter fein hacken, dann …

3. … in den Mixer geben.

4. Den Möhrensaft und …

5. … den Rote-Bete-Saft hinzugeben.

6. Mit Salz und Pfeffer würzen, dann mixen.

Zutaten für 3x

- 200 g Brokkoli
- 200 g Möhren
- 100 g Rote Bete
- 200 ml Mineralwasser
- 1 EL Honig
- 1 unbehandelte Limette
- Salz

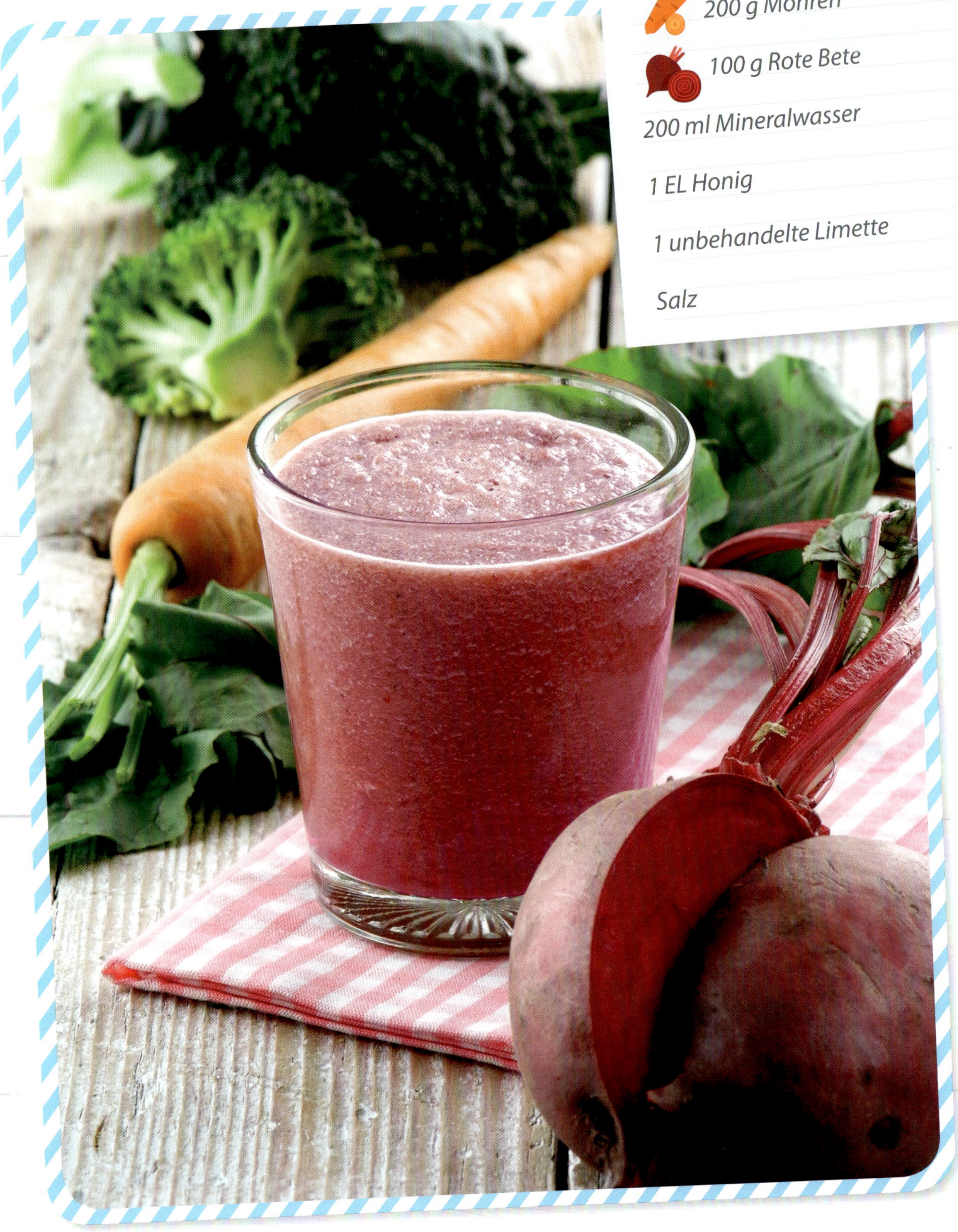

Rote-Bete-
Smoothie

1. Den Brokkoli in kleine Röschen zerteilen.

2. Die Möhren und die Rote Bete putzen, in Stücke schneiden und …

3. … alles in den Mixer geben.

4. Die Schale der Limette abreiben.

5. Mit einer Prise Salz würzen.

6. Mit Wasser aufgießen und mixen.

Spargel-Gurken-
Smoothie

1. Den Spargel …

2. … und die Gurken putzen, in Stücke schneiden,
dann …

3. … in den Mixer geben.

4. Die Milch und das Wasser
dazugießen, …

5. … mit Zucker und Salz
würzen, dann …

6. … gut mixen.

Zutaten für 3 x 🥤

- 200 g grüner Spargel
- 200 g kleine Gurken
- 200 ml Sojamilch
- 100 ml Mineralwasser
- 1 TL Rohrzucker
- ¼ TL Salz

1 Glas: 230 kJ/55 kcal

Zutaten für 2x

 2 kleine Möhren

 2 Äpfel

 150 g Rotkohl

200 ml Mineralwasser

Rotkohl-
Smoothie

1 Glas: 360 kJ/86 kcal

1. Den Rotkohl in Streifen schneiden.

2. Die Äpfel und die Möhren in Stücke schneiden, in den Mixer geben und mit dem Wasser mixen.

Gurken-Dill- *Smoothie*

Zutaten für 4x

 300 g kleine Gurken

🍎 3 Äpfel

1 Bund Dill

1 EL Mandelblättchen

400 ml Mineralwasser

Meersalz

1 Glas: 291 kJ/70 kcal

1. Die Gurken in dicke Scheiben schneiden.

2. Den Dill abzupfen und …

3. … fein schneiden.

4. Die Äpfel vom Kerngehäuse befreien, in Stücke schneiden und mit den anderen Zutaten mixen. Mit Mandelblättchen bestreuen.

1 Glas: 815 kJ/195 kcal

Zutaten für 3x

 5 Birnen

 ½ Wirsing

1 TL Wasabi

 1 Chili

1 TL Honig

300 ml Sojamilch

1 Prise Salz

Tipp

Die Chili und der Wasabi geben dem Smoothie eine feurige Note. Wer es milder mag, kann eins der beiden weglassen.

Birne-Wirsing-
Smoothie mit Wasabi

1. Die Birnen schälen und in Stücke schneiden.

2. Den Wirsing halbieren, den Strunk entfernen und …

3 … in größere Stücke schneiden.

4. Die Birne und den Wirsing in den Mixer geben und …

5. … mit Wasabi, …

6. … Chili, Honig und Salz würzen. Alle Zutaten mixen.

Zutaten für 3 x

 2 Äpfel

 5 Paprika

 2 Handvoll junger Spinat

 Saft einer halben Zitrone

 4 Basilikumblätter

200 ml Mineralwasser

Salz

Spinat-Paprika-
Smoothie

1 Glas: 277 kJ/ 66 kcal

1. Die Kerngehäuse aus den Äpfeln und den Paprika entfernen, beides in Stücke schneiden.

2. Die Spinatblätter abzupfen. Alle Zutaten mixen und mit den Basilikumblättern dekorieren.

Aprikosen–
Smoothie mit Walnüssen

1 Glas: 858 kJ/205 kcal

Zutaten für 3x 🥤

 400 g Aprikosen

 300 g Möhren

 50 g gehackte Walnüsse

 1 unbehandelte Zitrone

300 ml Mineralwasser

2 Zweige Minze

1. Die Aprikosen entkernen.

2. Die Möhren putzen und …

3. … in dicke Scheiben schneiden.

4. Eine halbe Zitrone auspressen und alle Zutaten mixen. Die restlichen Zitronenscheiben dazugeben und mit den Nüssen und Minze dekorieren.

Rote-Bete-
Frucht-Smoothie

1 Glas: 730 kJ/175 kcal

1. Die Rote Bete schälen und …

2. … in Würfel schneiden.

3. Die Banane schälen und in Stücke schneiden.

4. Die Äpfel schälen, vom Kerngehäuse befreien, in Würfel schneiden und alles mit den restlichen Zutaten mixen.

Smoothie
Primavera

1 Glas: 188 kJ/45 kcal

Zutaten für 4x

 3 Äpfel

1 Eisbergsalat

 5 kleine Gurken

¼ TL Muskatnuss

300 ml Mineralwasser

Salz

1. Die Äpfel vom Kerngehäuse befreien und in Stücke schneiden.

2. Den Salat und die Gurken in größere Stücke schneiden und alle Zutaten mixen.

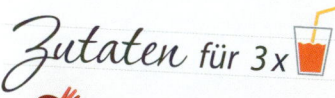

Zutaten für 3x

 1 Rote Bete

 2 Möhren

 ½ kleine Gurke

 1 Birne

 1 Apfel

250 ml Kokoswasser

1 Stück Ingwer (ca. 4 cm)

Saft einer halben Limette

1 Glas: 407 kJ/97 kcal

Roter Gemüse–Frucht–Smoothie

1. Die Rote Bete schälen und …

2. … in Stücke schneiden.

3. Die Möhren putzen und …

4. … in dicke Scheiben schneiden.

5. Den Apfel vom Kerngehäuse befreien, in Scheiben schneiden und mit den anderen vorbereiteten Zutaten mixen.

1 Glas: 705 kJ/169 kcal

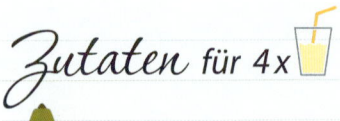

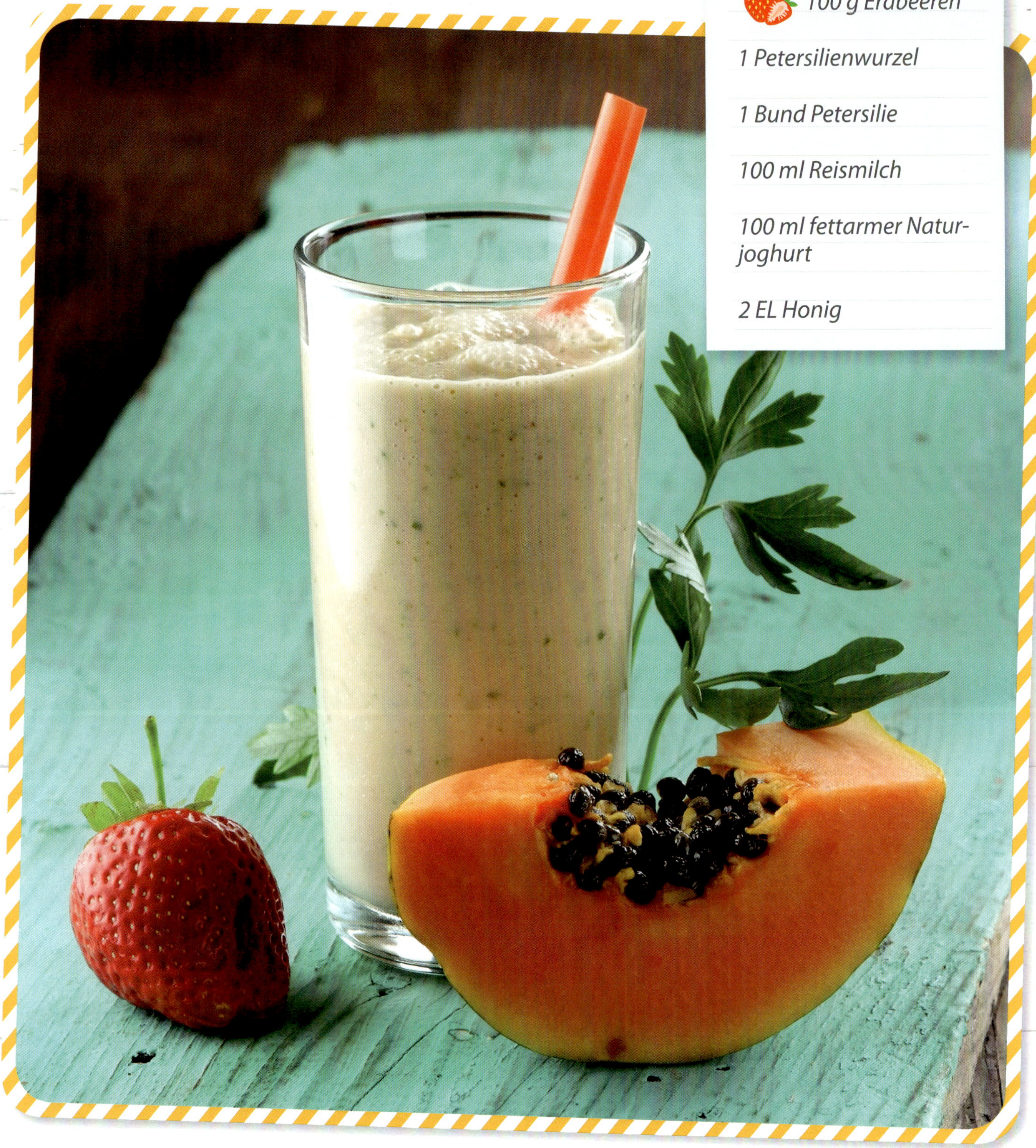

Zutaten für 4x

- ½ Papaya
- 100 g Erdbeeren
- 1 Petersilienwurzel
- 1 Bund Petersilie
- 100 ml Reismilch
- 100 ml fettarmer Naturjoghurt
- 2 EL Honig

Papaya-Erdbeer- Smoothie

1. Die Papaya der Länge nach halbieren, schälen, die Kerne entfernen und …

2. … in Stücke schneiden.

3. Die Petersilienwurzel und die Petersilie putzen und klein schneiden.

4. Zusammen mit den geputzten Erdbeeren in den Mixer geben.

5. Den Joghurt, …

6. … die Reismilch und …

7. … den Honig hinzugeben, dann …

8. … mixen.

Joghurt-Möhren-Smoothie

1 Glas: 491 kJ/118 kcal

1. Die Möhren putzen, die Banane schälen und beides in Scheiben schneiden, dann …

2. … in den Mixer geben.

3. Den Joghurt und …

4. … den Limettensaft dazugeben.

5. Alles gut mixen.

Tipp

Die andere Hälfte der Banane und
2 Möhrenstreifen können Sie für
die Dekoration verwenden.

Zutaten für 3x

 1 Orange

 500 g Paprika (rot und gelb)

1 Bund Minze

200 ml Mineralwasser

Eiswürfel

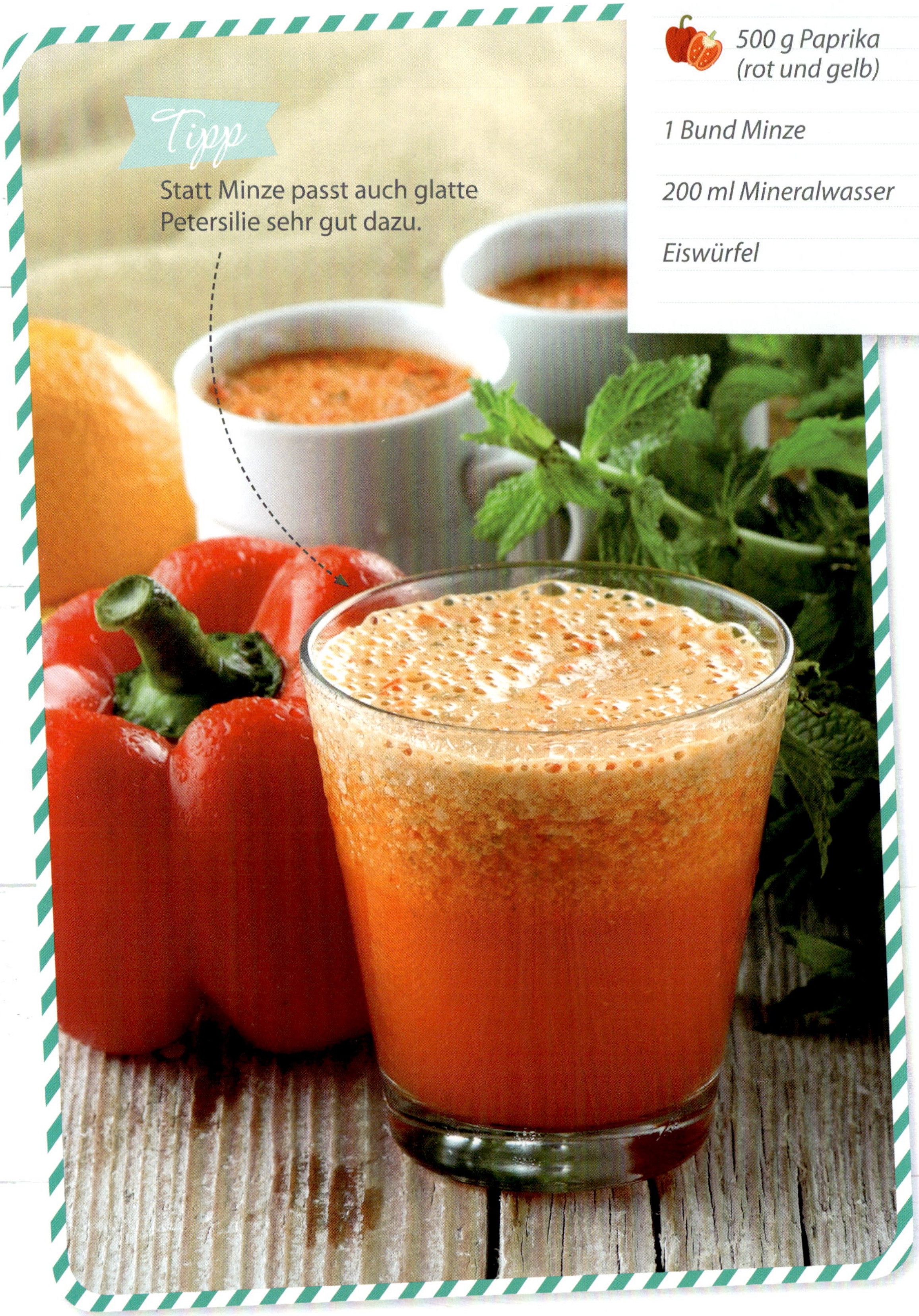

Tipp

Statt Minze passt auch glatte Petersilie sehr gut dazu.

Paprika-Orangen-
Smoothie

1. Die Orangen auspressen.

2. Die Minzeblätter grob hacken.

3. Die Paprika vom Kerngehäuse entfernen und in Stücke schneiden, …

4. … mit dem Orangensaft und der Minze in den Mixer geben.

5. Mit Wasser aufgießen …

6. … und mixen.

Rucola-Trauben-
Smoothie

1 Glas: 369 kJ/88 kcal

Zutaten für 4x

	100 g Rucola		Saft einer halben Zitrone
	1 Salat (z. B. Eisbergsalat)		1 EL brauner Zucker
	300 g weiße und blaue Weintrauben		200 ml Mineralwasser

1. Den Rucola, …

2. … den Kopfsalat, …

3. … die Trauben, …

4. … den Zitronensaft und …

5. … den Zucker in den Mixer geben.

6. Das Wasser darübergießen und mixen.

Zutaten für 3x 🥤

🥕 2 Möhren

🍌 1 Banane

🫐 1 Rote Bete

300 ml Orangensaft

100 ml Mineralwasser

Eiswürfel

Roter *Smoothie* mit Banane

1. Die Möhren, …

2. … die Banane und die Rote Bete putzen, in Stücke schneiden, dann …

3. … in den Mixer geben.

4. Den Orangensaft und …

5. … die Eiswürfel hinzugeben.

6. Alles gut mixen.

Gartenzauber mit Ingwer

1. Das Gemüse und das Obst putzen und in Stücke schneiden.

2. Einen halben Teelöffel Ingwer reiben.

3. Das Gemüse und das Obst in den Mixer geben, …

4. … ebenso den Ingwer und …

5. … den Meerrettich dazugeben.

6. Mit dem Wasser mixen.

Zutaten für 4x

- 200 g kleine Gurken
- 2 Möhren
- 2 Äpfel
- 2 Birnen
- 1 Stück Ingwer
- 1 TL geriebener Meerrettich
- 300 ml Mineralwasser

1 Glas: 277 kJ/66 kcal

Register

Erstveröffentlichung unter dem Titel:
„Smoothie-k és Turmixok"
© Pannon-Literatúra Kft., 2014

Genehmigte Lizenzausgabe
EDITION XXL GmbH
Industriestraße 19
64407 Fränkisch-Crumbach 2016
www.edition-xxl.de

Fotografie: Árpád Patyi
Layout, Satz und Umschlaggestaltung:
design cat GmbH

ISBN 978-3-89736-195-9

Bildnachweis
Shutterstock:
Alena Haurylik Cover Front; Alexander Ryabintsev 4–7, 9–10, 12–13, 15, 18, 20,
23–26, 28, 30, 33, 35, 37–38, 40–44, 46–47, 49–50, 52, 54, 57–60, 62–65, 67–68,
70, 72, 74, 76, 79; Alexandr III 15, 47, 49, 62; Dream79 6; Elovich Cover Front,
Cover Back, 2–80; Ganibal 9–10, 12–13, 15, 17–20, 23–26, 28, 30, 33, 35, 37–38,
40–44, 46–47, 49–50, 52, 54, 57–60, 62–65, 67–68, 70, 72, 74, 76, 79; Mascha
Tace 2, 11, 16, 19, 21, 22, 25, 27, 33, 36–37, 42, 44, 47, 52, 55, 63, 70–71, 73,
75, 77; Nataliya Arzamasova 4; OZMedia 5; pking4th 5, 10, 19, 40, 68; rzarek
9–10, 12–13, 15, 17–20, 23–26, 28, 30, 33, 35, 37–38, 40–44, 46–47, 49–50, 52,
54, 57–60, 62–65, 67–68, 70, 72, 74, 76, 79; Sofija Djukic 6, 52; Sunny Forest 5;
Supriya07 7, 47, 50; Tim UR 4; verca 7